Un livre de la collection
Les racines de Crabtree

LES POMPIERS

DOUGLAS BENDER

Les gens que je rencontre

CRABTREE
Publishing Company
www.crabtreebooks.com

Soutien de l'école à la maison pour les parents, les gardiens et les enseignants

Ce livre aide les enfants à se développer grâce à la pratique de la lecture. Voici quelques exemples de questions pour aider le lecteur ou la lectrice à développer ses capacités de compréhension. Les suggestions de réponses sont indiquées en rouge.

Avant la lecture

- De quoi ce livre parle-t-il?
  - *Ce livre parle des pompiers.*
  - *Ce livre parle de ce que fait un pompier au travail.*

- Qu'est-ce que je veux apprendre sur ce sujet?
  - *Je veux apprendre à quoi ressemble un pompier.*
  - *Je veux apprendre ce que fait un pompier.*

Pendant la lecture

- Je me demande pourquoi...
  - *Je me demande pourquoi certaines personnes deviennent des pompiers.*
  - *Je me demande pourquoi les pompiers portent un casque.*

- Qu'est-ce que j'ai appris jusqu'à présent?
  - *J'ai appris que les pompiers aident les gens et combattent les incendies.*
  - *J'ai appris que les pompiers conduisent des camions d'incendie.*

Après la lecture

- Nomme quelques détails que tu as retenus.
  - *J'ai appris que les pompiers portent un casque pour se protéger.*
  - *J'ai appris que les pompiers utilisent des tuyaux d'incendie pour éteindre les feux.*

- Lis le livre à nouveau et cherche les mots de vocabulaire.
  - *Je vois le mot* ***camion*** *à la page 6 et le mot* ***casque*** *à la page 10. Les autres mots de vocabulaire se trouvent à la page 14.*

Voici une **pompière**.

Le pompier aide les gens.

Ce pompier est dans un **camion** d'incendie.

www.nyc.gov/fdny

Ce pompier tient un **tuyau** d'incendie.

Tous les pompiers portent un **casque**.

Connais-tu un pompier ou une pompière?

Liste de mots

Mots courants

ce	gens	un
dans	tu	une
est		

La boîte à mots

camion

casque

pompière

tuyau

33 mots

Voici une **pompière**.

Le pompier aide les gens.

Ce pompier est dans un **camion** d'incendie.

Ce pompier tient un **tuyau** d'incendie.

Tous les pompiers portent un **casque**.

Connais-tu un pompier ou une pompière?

CRABTREE
Publishing Company

Les gens que je rencontre
LES POMPIERS

Auteur : Douglas Bender
Conception : Rhea Wallace
Développement de la série : James Earley
Correctrice : Janine Deschenes
Conseils pédagogiques : Marie Lemke M.Ed.
Traduction : Annie Evearts
Coordinatrice à l'impression : Katherine Berti

Références photographiques :
Shutterstock : Sergey Mironov : couverture, p. 3, 14; Monkey Business Images : p. 1; Gorodenkeff : p. 5; Victor Moussa : p. 7, 14; Toa55 : p. 8-9, 14; VAKS : p. 11, 14; Tyler Olson : p. 13

La forme masculine est utlilisée dans cet ouvrage uniquement dans le but d'en alléger la forme et d'en faciliter la lecture.

Crabtree Publishing Company
www.crabtreebooks.com 1-800-387-7650

Publié aux États-Unis
Crabtree Publishing
347 Fifth Avenue
Suite 1402-145
New York, NY, 10016

Publié au Canada
Crabtree Publishing
616 Welland Ave.
St. Catharines, Ontario
L2M 5V6

Imprimé au Canada/102021/CPC

Catalogage avant publication de Bibliothèque et Archives Canada

Titre: Les pompiers / Douglas Bender ; texte français d'Annie Evearts.
Autres titres: Firefighter. Français.
Noms: Bender, Douglas, auteur.
Description: Mention de collection: Les gens que je rencontre | Les racines de Crabtree | Traduction de : Firefighter. | Comprend un index.
Identifiants: Canadiana (livre imprimé) 20210271876 | Canadiana (livre numérique) 20210271884 | ISBN 9781039606449 (couverture souple) | ISBN 9781039606500 (HTML) | ISBN 9781039606562 (EPUB) | ISBN 9781039606623 (livre numérique avec narration)
Vedettes-matière: RVM: Pompiers—Ouvrages pour la jeunesse. | RVMGF: Documents pour la jeunesse.
Classification: LCC HD8039.F5 B4614 2022 | CDD j363.37/8—dc23